गा हमारी ज़िन्दगी कुछ गा

[कविता-संग्रह]

गा हमारी ज़िन्दगी कुछ गा

नन्द चतुर्वेदी

राजकमल प्रकाशन
नयी दिल्ली पटना इलाहाबाद

मूल्य : ₹ 150

पहला संस्करण : 2011

प्रकाशक : राजकमल प्रकाशन प्रा. लि.
1-बी, नेताजी सुभाष मार्ग
नई दिल्ली-110 002

शाखाएँ : अशोक राजपथ, साइंस कॉलेज के सामने, पटना-800 006
पहली मंजिल, दरबारी बिल्डिंग, महात्मा गांधी मार्ग, इलाहाबाद-211 001

वेबसाइट : www.rajkamalprakashan.com
ई-मेल : info@rajkamalprakashan.com

आवरण : राजकमल स्टूडियो

मुद्रक : बी.के. ऑफसेट
नवीन शाहदरा, दिल्ली-110 032

GA HAMARI ZINDAGI KUCHHA GA
Poems by Nand Chaturvedi

ISBN : 978-81-267-2030-9

आदरणीय पिता श्री सुदर्शनलाल जी
और माँ लीलावती को
जिनकी स्नेह-छाया के बिना कुछ भी
सम्भव नहीं था

सुख-दुख में साथ रही पत्नी को
जिनका जन्म नाम 'वृन्दा' था लेकिन
जिन्हें मैंने 'आशा' कहा

कविताओं के बारे में

अपनी कविताओं के बारे में कभी भी कुछ भी लिखना बहुत कठिन होता है, तब लगभग दुसाध्य सा जब वे पचास से साठ वर्ष पहले लिखी हों और कवि के लिए भी आश्चर्य हो जाने जैसी हो गई हों। वैसे भी अपनी कविता या कविताओं के बारे में किसी भी कवि को क्या कहना या लिखना चाहिए? उस उमंग के बारे में तो वह कभी कुछ भी नहीं कह पाएगा जिसके ताप से वे बनी हैं लेकिन उस समय के लिए वह शायद हिम्मत करके कुछ कह सके जिसके पास खड़े रहकर या जिसकी साक्षी में वह लिख सका है। यह भी अब मैं किसी झिझक के साथ ही लिख पाता हूँ, जब मुझसे यह दबाव डाल कर बार-बार पूछा जाता है कि कविता क्यों लिखते हो? अजीब बात है कि मैं हर बार इस सवाल का उत्तर अलग-अलग देता हूँ। दरअसल मैं खुद कभी आश्वस्त नहीं होता कि कविता लिखने के बारे में मैं कभी कोई 'अपरिवर्तनीय सच' कह पाऊँगा या कोई कह पाएगा? जैसे ज़िन्दगी है वैसे ही कविता है, हजारों तरह से व्याख्यायित, हजारों कारणों से लिखी गई, हजारों आवेगों की दीप-शिखाओं से प्रज्ज्वलित, हजारों भावों से रस-मंडित।

ब्रज-भाषा में काव्य शुरू किया था। समस्या-पूर्ति करनी थी। 'हमारे हैं' के साथ अन्त होना था। पिता ने और मैंने छंद बनाया था। सत्य तो यह है कि वह उन्होंने ही बनाया था। मैंने 'कवि दरबार' में उसे हिम्मत के साथ पढ़ दिया था। तब न यह ज्ञान था न भरोसा कि किसी दूसरी तरह, किसी दूसरी भाषा में, कविता बन सकती है। तत्कालीन नरेश महाराज राजेन्द्र सिंह 'सुधाकर' ब्रजभाषा में लिख रहे थे, पूरे झालावाड़ के 'काव्य-लोक' में ब्रज-भाषा का आलोक फैला था। हिन्दी-ब्रजभाषा तकरार का मुझे कोई पता नहीं था। 'हमारी ब्रजबानी ही वेद' ऐसी वियोगी हरिजी की लिखी कविता-पंक्ति मेरे हृदय में बसी थी। उन दिनों मैं उससे (ब्रजभाषा से)

मुक्त होना भी नहीं चाहता था। 1943 में मैंने बी.ए. पास किया लेकिन मैं तब तक कवित्त-सवैए लिखता-पढ़ता रहा। कभी-कभार हिन्दी (खड़ी बोली) में भी लिखता और उन्हें कवि-सम्मेलनों में सुनाता तो श्रोता सराहना करते। वे ब्रजभाषा के कवित्त-सवैयों से भिन्न आवेगों के कारण लिखी होतीं और ब्रजभाषा से अधिक समझी जातीं। उन कविताओं में हमारी ज़िन्दगी के मधुर, रसीले, श्रुति-कोमल शब्द न भी होते तब भी जानी-पहचानी खुशियों-उदासियों, हारी हुई बाजियों या जीते हुए खेल होते। उन्हीं दिनों की दो कविताओं का एक-एक छंद मुझे याद है, शायद इसलिए कि उन कविताओं को मैंने बार-बार पढ़ा था और उनमें ज़िन्दगी की वास्तविकताएँ दर्ज हुई थीं। उन्हीं दिनों की सच्चाई मेरी कविताओं का अविछिन्न हिस्सा हो गई और मैं महान् कवियों और 'जादुई कविताओं' के बारे में सोचते हुए यह समझने लगा कि उनकी महानता का रहस्य उनके अपने समय को व्याख्यायित करना है। सारे महान् कवि और महान् रचनाकार अपने समय, अपने समाज के व्याख्याकार हैं। इस तरह मैं अपनी कविताओं में ज़िन्दगी की वास्तविकताएँ दर्ज करने लगा और उन्हें लिख कर, सुना कर उल्लसित होने लगा।

जिन दो कवितांशों का मैंने जिक्र किया वे ये थे :

1. *मधु के प्यालों में पलते हो वैभव के मादक दीवानों*
अरे! तुम्हारे कुत्ते-बिल्ली दूध-जलेबी पीते खाते
मुर्गे-मुर्गी महलों की शोभा के साधन समझे जाते
इधर कहीं जो खुली सड़क पर एक दूध मटकी फट जाती
कितनी बहनें वस्त्र भिगोकर दूध बाल-मुख में चचुआती
ऐ! जननी के भामाशाहों जननी की कसकें पहचानो

2. *पर मेरा तो दिल पत्थर का बैठा-बैठा देखा करता*
बैठा-बैठा देखा करता अरमानों की जली होलियाँ
एक बार गिरि के शिखरों पर चढ़ने वाली युवक टोलियाँ
आज वही भूखे प्राणों से माँग रही जीवन की भिक्षा
भूखे तन से, भूखे मन से, खेंच रही जीवन का रिक्शा
पर मेरा तो दिल पत्थर का बैठा-बैठा देखा करता

ब्रजभाषा का सम्मोहन धीरे-धीरे समाप्त हो गया। खड़ी बोली की कविता ने अपने पक्ष में पूरे राष्ट्र का आह्वान किया था और पूरा 'लोक' उसकी अनुगूँज, उसका विदग्ध-स्वर सुनने को तैयार था।

कविता इसी लोक और जनता की भाषा में लिखने के विवेक से मैं अपने और अपने अड़ोस-पड़ोस के अन्याय, गरीबी और लाचारी, दीनता और दुख को दूर-दूर तक देखने लगा। मुझे यह कहने में जरा भी झिझक नहीं है कि समाज और साहित्य के अन्यतम रिश्तों को मैंने पुस्तकों के जरिए नहीं देखा, उन उदास गाँवों और छोटे-छोटे कस्बों की गलियों में जरूर देखा जहाँ लोग दिनों तक अँधेरे में बैठे रहते और रोटियों के लिए तरसते। कविता के रीतिकालीन सौन्दर्य-शास्त्र को अलविदा कहते हुए मैंने तब एक कवित्त के अन्तिम चरण में लिखा–

दीजै रंगशाला, रतिशाला को हवाला कहा,
बिलखत जे हैं एक-एक ही निवाला को।

1948 के प्रारम्भ में मैं नसीराबाद, खानदेश (महाराष्ट्र) के स्कूल की हेडमास्टरी छोड़ कर राजकीय महाविद्यालय, कोटा में (हिन्दी में) एम.ए. करने आ गया। उस समय मैं पच्चीस वर्ष का था। वही समय था जब मैं कोटा के समाजवादियों के सम्पर्क में आया। कांग्रेस की भाषा बदल गई थी और उसकी हुंकार दब सी गई थी। उन्हीं दिनों मैंने जयप्रकाश जी और लोहिया जी को देखा और उनके विचार सुने और पढ़े। मुझे लगा कि वे ही विचार कविता की तात्त्विक भाव-भूमि हो सकते हैं। मैं इस निष्कर्ष पर पहुँच गया कि विभाजित दुनिया में किसी तरह की सुन्दर कविता नहीं लिखी जा सकती। मुझे अपनी इस मान्यता के विरुद्ध सारे तर्क बुनियादी रूप से निष्करुण और अमानवीय लगते रहे। इसलिए जो विचार बराबरी की दुनिया बनाने का उत्साह जगाते थे उन्हें मैं अपने गीतों में अंकित करने लगा। समाजवादी पार्टी के मुखपत्र 'जय हिन्द' में ये गीत-कविताएँ प्रमुखता से छपतीं तो मुझे खुशी होती। मैं समाजवादी-सम्मेलनों, कवि-सम्मेलनों, कवि-गोष्ठियों में गा-गा कर इन्हें पढ़ता और बराबरी की दुनिया बनाने के लिए भाषण देता। वर्ण, जाति, सम्पदा और भाषा के भेदों में फँसे, विभाजित समाज के सीमान्तों को तोड़कर सहिष्णु और समता प्रिय समाज का सपना रोमांचकारी और नया लगता, इसलिए अपने गीतों में 'नया' शब्द का अनगिनत बार प्रयोग करता।

'नया' शब्द मेरे लिए औपनिवेशिक दासता से मुक्ति का प्रतीक था जिसे एक गहरे अर्थ में स्वतंत्रता के लिए प्राण देने वाले क्रान्ति-वीरों ने समझाया था। मेरे लिए नए का अर्थ था शोषण-मुक्त व्यवस्था, सामंतों के उत्पीड़न से छुट्टी, प्रेम करने की आज़ादी, लोकतंत्र इत्यादि। उन दिनों जो 'नए' शब्द का बार-बार प्रयोग करते हुए गीत लिखा उसका एक अंश इस प्रकार था–

नए गान होंगे नई वन्दना में
सितारों तुम्हारी चमक जा रही है
नए चाँद की रोशनी आ रही है
अँधेरे जगत् से उठा आ रहा ये
धरा-धूल पर फैलता जा रहा ये
इसी को चढ़ेंगे नए गीत मेरे
नए प्राण होंगे नई कल्पना में

तारुण्य के उन दिनों में 'नए चन्द्रमा' की इस रोशनी में मुझे ज़िन्दगी का सारा आकाश जगमगाता नज़र आता। इसी तरह नए विचारों की मशाल जलती और नए मेघ आते, नया सूरज आता और मचलती हवाएँ चलतीं।

'नए विचार' की मशाल जल रही'
'आज 'नए घन' आए, साथी!'
'लाल हुआ पूरब का अम्बर उठो देश की 'नई जवानी'
'बीत चली सपनों की रातें उगा 'नया सूरज' अम्बर में'

मैं इन कविताओं के आशावाद की मोहिनी से बँध गया था और इस विश्वास से कि यह राजनीतिक विचारधारा की काव्यात्मक प्रस्तुति ही बुनियादी भारतीय परम्परा की वापसी और 'नई संस्कृति' की दस्तक है। इस उमंग के साथ 'नया' शब्द कविताओं में बार-बार आना सार्थक लगने लगा।

इन रचनाओं को पढ़ते हुए लक्षित किया जा सकता है कि ये 'ग्राम-अभ्युदय' की कामनाओं से जुड़ी हैं। गाँधीजी ने इसी आख़िरी आदमी के आशीर्वाद की कामना और इसी आदमी के लिए 'स्वराज्य' की बात की थी। अंग्रेजों ने इसी आदमी को गरिमाविहीन कर दिया था। राष्ट्रनेताओं ने इसी के अर्ध-नग्न शरीर के लिए सूत काता था। मैथिलीशरण गुप्त ने उल्लसित होकर कहा था, 'अहा! ग्राम जीवन भी क्या है' और पन्त ने असीम अनुराग के साथ लिखा—'भारत माता ग्रामवासिनी'। ये वे दिन हैं जब 'गाँव और किसान' अर्थशास्त्र के केन्द्र में था। इन दिनों की तरह संवेदनाहीन 'आत्म-हत्याओं' की चर्चा के केन्द्र में नहीं। उस समय मैंने अनेक गीतों में 'खुशहाल' गाँवों का, वहाँ की हवाओं का, ऋतुओं का, आकाश का, तरुण-तरुणियों का अनवरत उल्लेख किया, उनकी शक्ति को सम्बोधित करते हुए लिखा 'जागो! शक्तिमती कल्याणी'।

इन्हीं गीतों में से दो अंश उद्धृत हैं—

अब नहीं बसन्ती रातों का राजा कोई
अब नहीं खेत पर आँसू की रातें सोई
ये जो महलों से चन्द लुटेरे ताक रहे
कब इनने धरती, नीरी जोती या बोई
तुम उठो माँगता युग बसन्त की अमराई
यह देखो खेतों की क्यारी अकुलाती है
यह देखो पहली बार धरा मुस्काती है

'जागरण वेला का गीत' रचना का एक लम्बा छंद इस प्रकार है—

युगों-युगों से नई बहारों ने दी इसका रंग-रवानी
युगों-युगों से इसे मिली अभिशप्त जनों की हँसी-जवानी
मिला किसी के प्यार पले खलिहानों की देही का कंचन
मिला किसी के घायल मन का इसको तप्त श्वास का स्पन्दन
मिला करोड़ों शोषित जन के मन का शक्ति-भक्तिमय दर्शन
मिला करोड़ों बन्धु जनों के नए विधानों का आकर्षण
मेरा गीत नहीं माटी का नहीं खाँड का पंगु खिलौना
मेरा गीत नहीं रच पाता शोषण के डालर का सोना
धन्यवाद! यह गीत धरा के विजय-गर्व का स्वर-उन्नायक
बन्धु! जागरण की वेला में युग-युग तक मेरा स्वर ठहरे

इन गीतों में उस चिरन्तन आशावाद से रचा-बुना सपना है जो सब समतावादियों और उनके शुभचिंतकों का रहा है। अभिधाप्रधान गीतों में उस नए समाज, नई संस्कृति, समय के सुदिनों की भविष्यवाणी भी है जिससे राजस्थान में व्यापक जनाधार के लिए लेखन शुरू होता है। कुछ गीतों, चतुष्पदियों में प्रेम की उदास विफलताओं का विषाद है, 'आज यूँ लगा कि दे न कुछ सका, और यूँ कि शेष कुछ न पास है' लेकिन इस विषाद की पर्तों को उधेड़ता बसन्त की नई कोंपल की तरह यह सुखद प्रतिज्ञा याद आ जाती है 'मैं कहाँ भूला कि लाना है मुझे नव प्रात'।

इन समाजवादी संकल्प-गीतों के साथ अनेक चतुष्पदियाँ अतुकान्त कविताएँ (जो इस संग्रह में नहीं है) लिखता रहा। अतुकान्त कविताएँ लिख कर ही कोई शिखर-कवि हो सकता है या किसी एक रंगत की रचनाएँ लिखकर काव्य-प्रतिभा के श्रेष्ठ उदाहरणों की कोटि तक पहुँचा जा सकता है, यह आग्रह मैंने कभी नहीं किया। लेकिन रचना की अन्तर्वस्तु के बारे में मैं ज़िद के साथ यह कह सकता हूँ कि वह

मनुष्य का जीवन ही है अविभाजित, क्रान्तिकारी और सम्पूर्ण।

इन कविताओं को लिखने का उत्साह देने वालों में मेरे अनन्य मित्र और सुहृद कवि रामनाथ कमलाकर हैं, जिन्होंने कोटा में लम्बे समय तक अपना बना कर साथ रखा और अच्छी-बुरी कविताओं को सुनकर सराहते रहे।

कोटा और उदयपुर के समाजवादी साथियों ने जिस आत्मीयता से इन रचनाओं को मान दिया उन्हें औपचारिक धन्यवाद देना उन्हें भूल जाने जैसा होगा। साथी हीरालाल जैन, पुरुषोत्तम मंत्री, स्वामी माधोदास जी, महावीर प्रसाद शर्मा, मनमोहन ठाकौर, राजेन्द्र जी चौधरी, भाई भगवान कवि-मित्र प्रकाश 'आतुर' और अन्य कई कवि और नागरिक हैं, जिन्हें ये कविताएँ अच्छी और उर्वरा लगी हैं। उनके प्रति आभार व्यक्त करना औपचारिकता ही होगी। लेकिन अभी दूसरा कोई शब्द मिल नहीं रहा।

अनुराग के जबरदस्त आग्रह से ही अधिकांशतः आधी सदी के पहले लिखी कविताओं का यह संकलन तैयार हो सका है। अपनी पुरानी रचनाओं को देखना-पढ़ना मोह-ग्रस्त होना ही है, इस विचार को अनुराग के उत्साह ने खारिज़ कर दिया। इस तरह यह संकलन उसी का है। संयोग से इस संकलन की कविताओं का रचना-समय उसके जन्म-समय से जुड़ा है।

प्रतिष्ठित प्रकाशन संस्थान राजकमल प्रकाशन, दिल्ली के प्रबन्ध निदेशक अशोक महेश्वरी ने जिस सुरुचि और सम्मान के साथ यह संग्रह प्रकाशित किया है उसके प्रति मैं उनका आभारी हूँ।

अन्त में इस संग्रह का नाम उन्हीं दिनों लिखे गीत 'गा, हमारी ज़िन्दगी, कुछ गा' दिया है। अजीब समय है, एकतरफा सुख के उन्मत्त आरकेस्ट्रा के बीचोंबीच लाचार और बेबस ज़िन्दगी को बचाने के लिए संघर्ष करते साथियों को असली राग पहचानने और गाने के लिए कहना पड़ रहा है।

इस तरह किसने लिखा संवाद
रह गया संशय, दहन अवसाद
इस कथानक में बचा है कौन
आखिरी उस आदमी तक जा
गा, हमारी ज़िन्दगी, कुछ गा।

अनुक्रम

गा हमारी ज़िन्दगी कुछ गा

गा हमारी ज़िन्दगी कुछ गा

इन ढलानों पर रुका सुनसान
रोशनी जैसे हुई अनुमान
आदमी क्यों हो गया है बर्फ़
आग का कोई समन्दर ला

इस तरह किसने लिखा संवाद
रह गया संशय, दहन, अवसाद
इस कथानक में बचा है कौन
आख़िरी उस आदमी तक जा

धार में जिनकी चमकती छाँव
आँधियों में हों अकम्पित गाँव
रेत में जिनके बने हों द्वीप
उस नदी में से नहा कर आ।

बोलना हो तो अभी कुछ बोल

फिर नहीं आ पाए यह संजोग
या बचें बहरे नपुंसक लोग
इस तरफ़ या उस तरफ़ मत देख
खोल खिड़की द्वार कुछ तो खोल

हर इबारत में लिखा है क्लेश
हर इबादत में छिपा विद्वेष
इन बज़ारों में लगा है देख
सिर्फ़ कुछ रंगीनियों का मोल

यह धुआँ, निर्लिप्तता पाखंड
जल रहे चारों तरफ भूखंड
भूख के मारे हुए हैं लोग
देख कुछ इतिहास कुछ भूगोल।

धीरे से गुजरो मत जहाँ भी अँधेरा हो

लौट-लौट आओगे किन-किन दरवाज़ों से
काँपोगे थर-थर कर कितनी आवाज़ों से
आओ हम आग तपें ठंड की सुरंगों में
साथ-साथ चलना है जहाँ भी सवेरा हो

किन-किन को देर तक पुकारोगे-पुकारोगे
धुँधलाए दर्पण में कहाँ तक निहारोगे
लाओ इस दीपक को यहीं धरो, यहीं धरो
धीरे से गुजरो मत जहाँ भी अँधेरा हो

एक बार सूरज को लाओ तो, लाओ तो
बहती हुई नदियों के आर-पार जाओ तो
आओ दो यात्राएँ उन-उन सीमांतों को
गंधवती ऋतुओं ने जहाँ-जहाँ टेरा हो
धीरे से गुजरो मत जहाँ भी अँधेरा हो।

कोटि चरण आओ

कोटि चरण आओ
सृजन करो युग का नव वंदन
रचो धरा के पथ शुचि शोभन
ज्योतिर्मय हे! ज्योति स्वर्ग कि
धरती पर लाओ

आलोकित दिशि-दिशि गगनांगण
तृप्त बनें गृह वस्त्रहीन जन
एक गीत, गति एक-एक स्वर
कोटि कंठ गाओ

वसुधा से कब कौन अजाना
क्षुद्र वृहत कब किस को माना
करो शांत यह कलुष विभाजन
जन-गंगा लाओ
कोटि चरण आओ।

कितनी दूर और चलना है

कितनी दूर और चलना है
यह रंगों की आतिशबाज़ी

तुम को कहाँ-कहाँ जलना है

दिन आते हैं झुलसे-झुलसे
खेतों पर उतरी है छाया
किसकी याद बची है मन में
किस का सपन बुलाने आया
कितने प्रश्न कौन उत्तर दे

यह किताब कोरी छलना है

सूख गया सब घाटों का जल
धोएँ कहाँ मलिन सी चादर
शहर हुआ कितना अनजान
पूछें कहाँ जुलाहे का घर
बर्फ़ पड़ी है रस्ते-रस्ते

सारी उमर यहाँ गलना है

कितने शब्द लिखे पंडित ने
डूब बीच नदी के जाकर
मछली तैर समुद्र गई है
पढ़ कर चार प्रेम के आखर?
यह लेखा किस ने बाँचा है

किस का उदय किसे ढलना है।

नए गान होंगे नई वन्दना में

नए गान होंगे नई वन्दना में
घुमड़ घिर रही हैं गगन में घटाएँ
सभी रंग की इन्द्र धनु में छटाएँ
तपिश बढ़ रही है धरा के हृदय की
अभी वृष्टि होगी गगन से अमिय की
अभी जी उठेगी धरा मुस्करा कर
नए पुष्प देगी नई अर्चना में

बँधा रह सकेगा न इंसान यूँ अब
पड़ा रह सकेगा न भगवान यूँ अब
विजय घोष से दुमदुमेंगी दिशाएँ
उठेंगे चरण शत उठेंगी भुजाएँ
बनेंगे सजल श्यामलम् खेत मन्दिर
नए देव होंगे नई साधना में

सितारों तुम्हारी चमक जा रही है
नए चाँद की रोशनी आ रही है
अँधेरे जगत से बढ़ा आ रहा ये
धरा धूल पर फैलता जा रहा ये

इसी को चढ़ेंगे नए गीत मेरे
नए प्राण होंगे नई कल्पना में।

यह मेरा मन विश्वास सँजोये रहता है

यह मेरा मन विश्वास सँजोये रहता है
जैसे धरती के आँगन में पतझर आता
मधु, जीवन यौवन के छंदों को बिखराता
पर कहाँ रुका रहता बसन्त का मधु-विधान
पर कहाँ रुका रहता कलियों का अर्घ्य दान
है नहीं धरा के गीतों की गति रुक पाती
यह मेरा मन विश्वास सँजोये कहता है

यह प्यास और यह सूरज की किरणों का तप
यह विस्तृत नभ यह किसी कंठ का आतुर जप
पर कहाँ रुकी रहतीं मेघों की मनुहारें
पर कहाँ झुकी रहतीं आतप की दीवारें
है नहीं रुका करती ममता की विकल गूँज
यह मेरा मन विश्वास सँजोये बहता है

ये छोटे खिलते सरसों के लहलहे खेत
जिन पर उड़ती अँधड़ आँधी की गर्म रेत
पर शशि की उन मीठी किरणों का प्रीतिपाश
ठंडी रातों का गदराया वह स्नेह-श्वास
रुक पाता कहाँ निमिष भर को पगडंडी पर
यह मेरा मन विश्वास सँजोये रहता है।

लहरों पर लिखता क्या सागर

मिलता जिनको नहीं किनारा
दिखता नहीं जिन्हें ध्रुवतारा
वे डूबे अतलांत तिमिर में
जो थे मोती के सौदागर

जिनके पास नहीं देने को
बादल सा जीवन लेने को
वे किसके आँगन जाएँगे
ले सपनों की काँवड़ सुन्दर

दृष्टि लगी अमृत के घट पर
डूबी सदी रक्त के तट पर
इन्द्रधनुष वाली नौकाएँ
चली गईं बारूद बिछा कर।

कहाँ हार कर बैठोगे मन

हंस छोड़ कर गए सरोवर
आग लगी लहरों पर तट पर
दिखती नहीं कहीं भी छाया
मेघ रहित आया है सावन

वे सब यहाँ सो गए आकर
हमें जगाते थे गा-गा कर
एक सदी चुपचाप सिरहाने
रख सोयी कंचन का बरतन

मैं ही खड़ा हुआ हूँ ऐसे
अपराधी मैं ही हूँ जैसे
बीती उमर बीतती कैसे
कतै दुख का सूत सनातन।

अभी सृष्टि पर आँसू भीगी रात है

अभी सृष्टि पर आँसू भीगी रात है
तुम कहते मैं गीत लिखूँ मधुमास के
मुझको लगता सूनी ब्रज की गैल पर
गोरी राधा का मुखड़ा मुरझा गया
मुझ को लगता मनमोहन की वेणु में
आज व्यथा का सरगम जैसे छा गया
मेरी धरती मरती जाती प्यास से
तुम कहते मैं गीत लिखूँ आकाश के

तुम्हें कहाँ मिल गया काम कुसुमायुध ले
किस रति के नूपुर ने तुम्हें पुकार लिया
किस अमराई से मिला प्रणय का आमंत्रण
किन कलियों ने तुम्हें अर्घ्य शृंगार दिया
इस सूने-सूने सूखे वीरान में
तुम कहते मैं गीत लिखूँ विश्वास के

शत-शत चाँदी की रातें सोने के दिन
तुमने सचमुच जाने हैं या अनुमाने हैं
किस रात तुम्हारे नयनों में आए सपने
किस क्षण अधरों ने सुख के स्वर पहचाने हैं
मैं पूछ रहा हूँ तुमसे तुम जो माँग रहे
मैं इस मौसम में गीत लिखूँ उल्लास के।

बादलों से घिर रहा है आसमान

बादलों से घिर रहा है आसमान
धरा विदग्ध देह फूल की जली
घुटा पवन तपिश-तृषा बढ़ी चली
उठे नयन बुझे विषाद से सघन
मुरझ गई नवीन कामना कली
झुलस गया नवीन पौध का हृदय
तरस रहा कहीं किसी का अर्घ्यदान

पड़ी फुहार फूल का प्रणय खिला
बहा पवन कि प्राण को सुधा पिला
उठे झुके नयन प्रतीति स्वर लिये
जिए नवीन गीत मन नया मिला
बरस गई नवीन खेत पर फसल
हो रहा किसी का आज तृप्त मान
बादलों से घिर रहा है आसमान।

यह दीया सब को उजाला दे

पार जाएँ हम अँधेरों की विवशता के
पार जाएँ हम बाज़ारों की अधमता के
डूबते को नाव भूखों को निवाला दे

हम पढ़ें वह पाठ ऐसे आदमी का हो
ठोकरें खाता शिखर पर चढ़ गया है जो
वह उमंगों की चमकती पाठशाला दे

लिख सकें सारी कथा हम आसमानों की
दमदमाते सब समय सारे ज़मानों की
अग्निमय कुंदन बनी वह वर्णमाला दे।

एक टूटा दिन हमारे पास

इस अटैची में भरा सामान
कुछ नहीं कपड़े पुराने म्लान
चिट्ठियाँ जिन को पढ़ी सौ बार
है वही दुनिया, वही सब त्रास

एक दो दस या पचासों साल
पेड़ पर लटकी पुरानी डाल
रोशनी वाले शहर के बीच
कौन गायब हो गया रख लाश

है यहाँ चारों तरफ़ दीवार
है अँधेरे रोशनी के द्वार
इन मदरसों में पढ़ेगा कौन
बोलता हो झूठ जब इतिहास।

रोशनी की यह नदी बहती रहे, बहती रहे

रोशनी की यह नदी बहती रहे, बहती रहे
नील जल सा काँपता मन का रहे आकाश
प्राण प्राणों से बँधें रस-रंग के नवपाश
यह तुम्हारी बाँसुरी की प्रेम भीगी तान
फूल, सपनों की कथा कहती रहे, कहती रहे

दूर झीलों पर गई है फैल कोमल धूप
कमल नयनों में बँधा उस माधवी का रूप
मोह जैसे दिन बहुत लम्बी व्यथा सी रात
यह तृषातुर ज़िन्दगी सहती रहे, सहती रहे

कौन जाने कौन-से तरु पर झुकेगी शाम
कौन जाने सूर्य फिर किसका लिखेगा नाम
अगिन घाटों से बहे यह ज़िन्दगी की नाव
एक प्यासी प्रार्थना दहती रहे, दहती रहे।

इस तरह जब-जब अँधेरा पन्थ हो

इस तरह जब-जब अँधेरा पन्थ हो
दीप लेकर द्वार तक आना पड़े
आ सकोगे, आ सकोगे, आ सकोगे?

साथ में सुग्रीव हों, हनुमान हों
राजपुत्रों का विजय अभियान हो
आत्मजा शबरी कहीं रथ रोक ले
राम जैसे सहज उसके द्वार तक
जा सकोगे, जा सकोगे, जा सकोगे?

अगम ऊँड़ी, जाह्नवी की धार हो
एक टूटी नाव हो पतवार हो
मानता केवट न कोई बात हो
एक भूला गीत कोई बन्धु-पथ सा
गा सकोगे, गा सकोगे, गा सकोगे?

है अयोध्या स्नेह है समता जहाँ है
है जहाँ अन्याय, भय लंका वहाँ है
एक कंचन-मृग छिपा बैठा जहाँ हो
आत्म-जय की भूमिजा को खींच कर
ला सकोगे, ला सकोगे, ला सकोगे?

जहाँ-जहाँ बीत गया दिन

जहाँ-जहाँ बीत गया दिन
वहाँ-वहाँ टूट गया मन
वे पलाशवन कहाँ गए
खो गई कहाँ-कहाँ किरण
आएँगे लौट कर कहाँ
कस्तूरी गन्ध के हिरण
अभी-अभी डूब कर रहे
इसी-इसी अन्धकार में
सतरंगे इन्द्र के धनुष
सिन्दूरी घाटियों के वन

बँधे-बँधे नावों के पाल
रेत में धँसे-धँसे चरण
पूछेगा कौन अब यहाँ
ऋतुओं के जन्म औ' मरण
डरी-डरी नदियों के बीच
रह गया भविष्य ही कहाँ
जितनी सी रोशनी बची
उतना सा भाग्य का कथन

अभी-अभी काँपता हुआ

अभी-अभी द्वार बन्द कर
संशय से प्रश्न से डरा
सोएगा यह थका नगर
अपने ही प्रश्न के लिए
अपने ही प्राण के लिए
तनी-तनी रस्सियों के बीच
इतना सा रह गया गगन।

थोड़ा सा दिन शेष रहा है

बस आखिरी आएगी जब तक
सघन अँधेरा होगा तब तक
बैठे रहे प्रतीक्षा में जो
उनका किसने दुख कहा है

इतना बोझ उठा पाओगे
किस के संग गाँव जाओगे
फटे पुराने जूते पहने
अब तक कितना रक्त बहा है

वे पर्वत के शिखर कहाँ है
आलोकित चन्द्रमा जहाँ है
इस रितु में किससे पूछोगे
किसने किसका दर्द सहा है।

क्या कहा, कैसे कहा, किससे कहें

क्या कहा, कैसे कहा, किससे कहें
क्या तुम्हारा नाम यह पूछा गया
दे दिया उत्तर पुराना या नया
एक तीरथ-घाट पर उनसे मिले
क्या सहा, कैसे सहा, किससे कहें

देख लीं सब रौनकें बाज़ार की
सरहदें उनके हमारे प्यार की
सूखता दरिया हुआ जब रेत का
क्या बहा, कैसे बहा, किससे कहें

हुक्मरानों का कहा हमने किया
पीर पंडित का लिखा हमने जिया
बेबसी के बन्द तहख़ाने किए
क्या रहा, कैसे रहा, किससे कहें।

यह कथा किसने लिखी, किसने कही

रात भर बैठे रहे हम आग पर
राख का था ढेर देखा जाग कर
इस इबारत को पढ़ा पढ़ता रहा
इस तरह से जो बिखरती ही रही

इन दरख़्तों में छिपा बैठा रहा
किन अँधेरों का भयानक अजदहा
क्या हवाओं ने नहीं कुछ भी सुना
आसमानों में हुई जो बतकही

बुलबुलें क्या रात भर गाती रहीं
जालिमों को जो हँसी आती रही
कौन सा कलमा फ़कीरों ने पढ़ा
जो नदी वीरान में फिर से बही।

मेघ से घिरा-घिरा गगन रहा

मेघ से घिरा-घिरा गगन रहा
किन्तु यूँ लगा धरा उदास है

डोलती रही कि चाँद की किरण
ढूँढता रहा कहीं मलय पवन
पी पुकार कर थका पपीहरा
किन्तु, बुझ सकी न हाय! प्यास है

आज कुछ झुके रहे पलक कहीं
आज दर्द था मगर अजान सा
आज यूँ लगा कि दे न कुछ सका
और यूँ कि शेष कुछ न पास है

आज मौन तट पुकारता रहा
किन्तु एक भी लहर न सुन सकी
आज मैं विकल निहारता रहा
किन्तु पन्थ का बुझा प्रकाश है।

आज नए घन आए साथी!

आज नए घन आए साथी!
सरल मेघ की नई फुहारें
जागी धरती की मनुहारें
आज किसी को सपनों का सुख
आज किसी की मुग्ध पुकारें
आज किसी की प्रीत पुरातन
सहज-सहज लहराए साथी!

आज झुकी काजल की बदली
आज मुखर जीवन की मुरली
आज किसी के मुग्ध नयन में
हँसी तृप्ति की रेखा पहली
आज गगन का प्यार
धरा के आँचल में मुस्काए साथी

सुर-धनु के रंगों में सज कर
आज विपुल सुख पाता अम्बर
आज पवन की बाँह सँभाले
लहरों का इठलाता अन्तर
आज उठा ममता का सरगम
वसुधा पर छा जाए साथी!

सुन रही हो प्राण की धड़कन हमारी

सुन रही हो प्राण की धड़कन हमारी
प्राण! मन के प्यास की यह तृप्ति कैसी
देह दो-दो किन्तु यह अनुरक्ति कैसी
श्वास-स्वप्नों में सहज हो कर समाहित
सुन रही हो प्यार की गुंजन हमारी

स्नेह-बाती में सजा आलोक नूतन
पारदर्शी प्रीत के अपरूप बन्धन
मुस्कुराते लोचनों की चितवनों से
देख लेती हो पुलक सिहरन हमारी

है कहाँ सागर लहर के बीच अन्तर
है कहाँ आकाश की सीमा निरन्तर
यह मिलन है ज़िन्दगी के तार-स्वर का
गीत बनती जा रही बिछुड़न हमारी।

देह का अन्तर कहाँ तुम प्राण ही हो

देह का अन्तर कहाँ तुम प्राण ही हो
घिर रही मकरंद सी मन पखुरियों पर
छा रही हो ज़िन्दगी की लहरियों पर
शब्द-वाणी, छंद की लय सी तरंगित
अर्थ का अन्तर कहाँ तुम गान ही हो

तुम सुधामय सृष्टि का परिचय प्रथम हो
तुम धरा के स्नेह का संचय प्रथम हो
हो प्रथम मनुहार के स्वर वन्दना के
ध्येय का अन्तर कहाँ तुम ध्यान ही हो

तुम बहारों की सलज मुस्कान शोभित
तुम शरद आकाश की राका नवोदित
अर्चिता, आराधिता मेरे हृदय की
भक्ति का अन्तर कहाँ भगवान ही हो।

माँगता हूँ गीत की गुंजार तुमसे

माँगता हूँ गीत की गुंजार तुमसे
आज कितनी रात मादक हो चली है
चाँद के सुख-श्वास में घुल खो चली है
स्वप्न मेरी पुतलियों में जल रहे हैं
माँगता हूँ एक मधु का ज्वार तुमसे

मैं यही विश्वास लेकर जी रहा हूँ
मैं इसी उल्लास से विष पी रहा हूँ
एक दिन तो बूँद अमृत की मिलेगी
माँगता उस बूँद का आधार तुमसे

एक ऐसे रूप के अनुमान में हूँ
एक ऐसे छंद के सन्धान में हूँ
जो युगों की बात पल भर में सुना दे
माँगता उस छंद की झंकार तुमसे।

बन्धु! जागरण की बेला में मेरे गीतों के स्वर लहरे

बन्धु! जागरण की बेला में मेरे गीतों के स्वर लहरे
कुछ क्षण अब भी विफल मनोरथ घुटती रहती नई तरुणिमा
कुछ क्षण घिर जाती मेघों से मेरे मन की नई अरुणिमा
कुछ क्षण मेरी मुस्कानों पर पूँजी का दानव लहराता
कुछ क्षण मेरे नए गीत का शोषण कंठ दबाए जाता
धन्यवाद है किन्तु साथियों तुम जीवन को झंकृत करते
अपने पुष्ट बाहु लहरा कर पुलक प्रकम्पन मन में भरते
सदा जलाते शक्ति, न्याय, समता वैभव की दीपक बाती
धन्यवाद! यह शक्ति तुम्हारी मेरी मुस्कानें लहराती
मेरे छंद तुम्हारों सपनों के रंगों से शोभित होते

बन्धु! तुम्हारे घोष उदधि की क्रोधित फुंकारों से घहरे

युगों-युगों से नई बहारों ने दी है इनको रंग-रवानी
युगों-युगों से इन्हें मिली अभिशप्त जनों की हँसी-जवानी
मिला किसी का प्यार पले-खलिहानों की देहों का कंचन
मिला किसी के घायल श्रम का इनको तप्त श्वास का स्पंदन
मिला करोड़ों शोषित जन के मन का भक्ति-शक्तिमय दर्शन
मिला करोड़ों बन्धु जनों के नए विधानों का आकर्षण
मेरा गीत नहीं माटी का नहीं खांड का पंगु खिलौना
मेरा गीत नहीं रच पाते शोषण के डालर का सोना

धन्यवाद! यह गीत धरा के विजय गर्व का स्वर उन्नायक
बन्धु जागरण की बेला में युग-युग तक मेरा स्वर ठहरे

धन्यवाद! हम देख रहे हैं युग की उठती नए चेतना
धन्यवाद! हम सृजन कर रहे माँ धरती की नई वन्दना
कोटि-कोटि चरणों की ध्वनियाँ कोटि-कोटि जन-मन का वैभव
धन्यवाद! हम साथ लिये हैं नई सृष्टि का यौवन-शैशव
लिखा गया इतिहास हमारी नयन विभा के नव-प्रकाश में
उठी बगावत की कुर्बानी नई सृष्टि की सृजन-प्यास में
धन्यवाद! जागी खेतों में फागुन के फसलों की रानी
धन्यवाद! इस नई आग की दीप्ति अँधेरे ने पहचानी
धन्यवाद! मेरे प्राणों में गूँजे जय के विपुल तराने

बन्धु हमारे नए गगन में आज विजय के नव-ध्वज लहरे।

रात-रात भर दीप जलाए राह में

रात-रात भर दीप जलाए राह में
मगर एक तुम हो कि जो आते नहीं

इसी निशा में कभी चाँद से तुम मिले
लगा अँधेरा जन्म-जन्म का धुल गया
इसी निशा में जब श्वासों में तुम घुले
जन्म-मरण का जैसे बन्धन खुल गया
तब से बीती कितनी मधुमय यामिनी

पर मनमोहन तुम ब्रज पर छाते नहीं

लो सूनी-सूनी सी होतीं जा रहीं
प्राण! तुम्हारे सुधि की ये अमराइयाँ
सदा तुम्हारे स्वर भर-भर कर गूँजती
वे सब नीरव हैं मन की गहराइयाँ
तुम्हें बहारें बुला-बुला कर लौटतीं

मगर एक तुम हो कि सुन पाते नहीं

ये चातक के स्वर से रिमझिम आ गई
धरती की मनुहार कि बादल छा गए

जाने किस ममता की विकल पुकार से
इन डालों पर फूल नए मुसका गए
जन्म-जन्म से रहा बाँधता मैं तुम्हें
मगर एक तुम हो कि बँध जाते नहीं।

अभी अँधेरी रात उतरती राह पर

अभी अँधेरी रात उतरती राह पर
तुम कब आकर अपना दीया जलाओगे

उठती है आवाज़ मगर चुपचाप क्यों
जीते हो पर लगता है लाचार हो
आज हज़ारों दिल हैं पर खामोश क्यों
बुझते जाते हो कैसे अंगार हो
तुमने भी देखे होंगे मासूम चमन

तुम कब आकर उनकी कली खिलाओगे

ये आई सौ-सौ रात बसन्ती पर जैसे
तुम फूलों की महफिल से अनजान हो
ये कहीं बरस कर गई चाँद की चार किरण
तुम भूखे प्यासे पथ के मेहमान हो
बढ़ती जाती रात कारवाँ लम्बा है

तुम कब इसको जीवन-गीत सुनाओगे

मैंने देखे हर जीवन के मोड़ पर
उनको जो हँसते जाते हैं, गाते हैं

मैंने देखे उजड़े पथ वीरानों से
खींच बहारों का सरगम ले आते हैं
तुम्हें बुलाती उन सबकी आवाज़ है

तुम फिर कब उनका परचम लहराओगे।

लो तुम्हारी ज़िन्दगी का एक पूरा वर्ष बीता

लो तुम्हारी ज़िन्दगी का एक पूरा वर्ष बीता
घूम कर देखो धरा का क्या किया शृंगार तुमने
छोड़ अमृत विष पिया क्या मुस्कुरा साभार तुमने
जल रही धरती कि कोई प्यार का अभिषेक कर दे
तब लिया है क्या सजल-वपु मेघ का आकार तुमने
या कि गिन-गिन श्वास जीवन का घृणित अपकर्ष जीता

याद है पथ पर मिली मधु यामिनी तुमने बिता दी
याद है पथ पर मिली मधु रागिनी तुमने सुना दी
जब मिले अंगार कायर! नत-नयन पीछे मुड़े तुम
क्यों न हँस-हँस उन क्षणों में वह प्रलय-वीणा बजा दी
कह रहे गरदन उठा फिर भी कि हर्ष-अमर्ष जीता

मैं कहाँ कहता विगत के तुम व्यथा से गान गाओ
मैं कहाँ कहता कि आगत को व्यथा से भूल जाओ
घूम कर देखो समय का पथ न तुम को जानता है
तो चरण के चिह्न अगणित आज अंकित कर दिखाओ
यह विजय बेला पराजय का पतित संघर्ष बीता।

तुम जो युग-युग से बन्दी हो जीवन के वीरान में

तुम जो युग-युग से बन्दी हो जीवन के वीरान में
आओ तुम सबको देता हूँ मैं सपने मधुमास के
तुमने कभी न उठती देखी हैं क्या लहरें तीर पर
जिनके प्राणों में बँधते हैं अनजाने अरमान सौ
जिनके प्राणों में पलते हैं युग-युग के तूफ़ान सौ
समय सिन्धु के तीर खड़ी वे लहरें तुम्हें पुकारतीं
देखो इन प्राणों में कितने सपने हैं विश्वास के
तुमने अब तक कभी न देखे ये रेशम से फूल जो
कितनी-कितनी आग जलाए धरती के अधिकार की
कितनी-कितनी प्यास सजाए धरती के शृंगार की
उन फूलों की महफिल से उठती है यह आवाज़ जो
अब दिन आते हैं फूलों की धरती के इतिहास के

तुमने कभी न देखी अपनी यह पीढ़ी इंसान की
पल-पल जूझ रही है जो अन्यायी की तलवार से
पल-पल नई ज़िन्दगी रचती मरण और मझधार से
उस मेरी पीढ़ी से खुलते नए पृष्ठ भूगोल के
आओ, वह सबको देती है नए स्वप्न आकाश के।

तुम होतीं मेरे पास कहीं तो कह पाता

तुम होतीं मेरे पास कहीं तो कह पाता
किस तरह कुंज ने कोयल का सरगम जाना
किस तरह धरा ने अम्बर का मन पहचाना
क्यों फूलों में मिट्टी की खुशबू आ पाई
क्यों भोर नए रागों से मीठी मुसकाई
यह गीत नई धड़कन जीवन से सराबोर
तुम होतीं मेरे पास कहीं तो कह पाता

संझा का शशि आकाश गुलाबी रंगों से
सागर का मन चंचल गति-गीत तरंगों से
यह फागुन यह महकें गुलाब की मस्तानी
यह धरती सुख सोना सपनों की पहचानी
यह प्यार नया विश्वास तुम्हारे होने का
तुम होतीं मेरे पास कहीं तो बह पाता

यह नया कारवाँ अभिनव पथ अंकित करता
यह नया तराना जीवन मधु संचित करता
यह दीप रात के तन-मन का कल्मष हरता
यह राग जवानी के मन में कसमस करता
मैं भी हिल पाता जोड़ विवशता के बन्धन
तुम होतीं मेरे पास कहीं तो बह पाता।

बीत चलीं सपनों की रातें, उगा नया सूरज अम्बर में

बीत चलीं सपनों की रातें, उगा नया सूरज अम्बर में
नए ओस से लदी पौध के खेतों पर लहरी हरियाली
आज किसी के युग प्यासे अधरों को मिली सुधा की प्याली
आज किसी के नए कंठ से सुने किसी ने कोयल के स्वर
आज कहीं पर इस अल्हड़ फागुन की रातें रहीं सहम कर
धुआँ उठा पर खलिहानों में जली देश की नई जवानी
तुम मलती ही रही नयन युग जागो शक्तिमती कल्याणी
शोषण के दानव स्वाहा करते ही जाते हैं मानवता
क्या न जलेंगी वड़वानल की सोयीं लहरें इस सागर में

नई मनुजता के शोणित से होता पूँजी का आराधन
पतित मनोरथ की पूजा में घुटता रहता है घायल मन
आग लगी रहती जीवन में प्यास नहीं बुझती प्राणों की
नए खून से तृप्ति नहीं है पूँजी के इन पाषाणों की
दब जाते महलों के नीचे झोपड़ियों के गीत सुहाने
दब जाते मन्दिर-मस्जिद की नीवों में ख़ूनी तहख़ाने
तब भी ख़ून लगी डाढ़ों को तृप्ति कहाँ मिलती है साथी
यूँ ही बुझी रहेगी कब तक अग्नि शिखाएँ इस अन्तर में

जब-जब हमने किया मनुजता का नव-शक्ति-भक्ति से वन्दन
जब-जब हमने किया धरा के शोषित पुत्रों का अभिनन्दन

मुक्त कर्म, वाणी, विचार की जब-जब टूट चलीं काराएँ
जब-जब गरजीं जीवन के पथ पर जन जाह्नवी की धाराएँ
तब-तब जन-द्रोही सेठों ने पहने जन-हित के पीताम्बर
तब-तब रोकी गई बगावत चाँदी पिस्तोलों में भर-भर
देख रहे हम युग से कायरता है अधिक देखते रहना
क्या न तुम्हारा इन्कलाब धू-धू कर जागेगा घर-घर में।

ये देखो हवाएँ मचलती चली हैं

ये देखो हवाएँ मचलती चली हैं
बड़े पादपों की जड़ें हिल रही हैं
नई कामनाएँ कहीं खिल रही हैं
नए रोष से ज़िन्दगी दमदमाती
नए जोश से ज़िन्दगी कसमसाती
ये देखो गजब की जली है मशालें
ये देखो दिशाएँ दहकती चली हैं

नए अर्घ्य का हो धरा का निवेदन
नए खेत के जन तुम्हें कोटि वंदन
ये पुलकित मनुज का सुखद श्रम जगा है
नए जागरण का चरण फिर लगा है
ये देखो उजाला हुआ मंज़िलों पर
ये देखो कि किरणें धधकती चली हैं

उठे क्या बगूले धरा फनफनाती
ये उठतीं नई पीढ़ियाँ झनझनाती
ये लोहू उबलता पनपती जवानी
ये गूँजी विजय की हमारी कहानी
कहीं क्या रुका है उबलता समुंदर
ये देखो कि लहरें उफनती चली हैं।

तुम आतुर मन बाँध रही क्यों यह सपनों की रात सुहानी

तुम आतुर मन बाँध रही क्यों यह सपनों की रात सुहानी
आए बादल घिरी घटाएँ तृप्त कहाँ चातक जीवन
जली दीप की मधुर वर्तिका शेष शलभ का पुलक प्रकम्पन
मधु रितु की प्यासी कोयल के स्वर से भीग चली अमराई
धरती के आकुल अन्तर को मिली न अब तक सजल विदाई
तुम भी तब माँगो प्राणों की उत्कंठातुर विपुल लालसा
एक घूँट से नहीं बुझेगी प्यास युगों की यह लासानी

ये गुलाब की खिलीं पखुरियाँ मदिर पवन फागुन की बहती
कभी-कभी अँगड़ाई लेकर अब भी रात सिहरती रहती
तब तुम एक कल्पना सी छाती हो मानस पर सुकुमारी
गौर वदन नत नयन रेशमी आँचल की वह लहर तुम्हारी
अरमानों सी तुम प्राणों में सदा पला करती हो मेरे
तुम गीतों में बाँध रही क्यों यह अतृप्ति की मधुर कहानी

हुई न दिन की मिलन यामिनी मुग्ध रहा पश्चिम का अम्बर
चली बीतती रात न फिर भी वह पाई प्रभात को भुज भर
बिखरी लहर पुलिन पर जाकर मौन रहा सागर का अन्तर
तुम भी प्यास मिलन वेला की क्यों न साधती रहो निरन्तर
आज तृप्ति का एक सुधा कण जीवन भर को भार बनेगा
बाँधों अभी न इस प्याले में मधुशाला की रूप जवानी।

लाल हुआ पूरब का अम्बर उठो देश की नई जवानी

लाल हुआ पूरब का अम्बर उठो देश की नई जवानी
नई हुई धरती की सुषमा भीगी कुंजों की अमराई
उफना कुंदन खलिहानों में जागी खेतों में तरुणाई
एक हाथ में गोफन लेकर उसने शोषण को ललकारा
आज वही वसुधा पर जीवन और जागरण की रस धारा
गाती गीत नए फागुन के आज मेंड़ पर वह स्वर भर-भर
महक रहा महुआ गुलाब का चूम बहा है पवन कलेवर
बोली कोयल टेसू के फूलों से लूम लदा वन-प्रान्तर
लिखो माँगता है युग तुम से इस प्रभात की नई कहानी

फूटी नई कोपलें तरु पर दहकी जीवन की अरुणाई
घायल मन बेबस प्राणों को मिली कहाँ अब तक तरुणाई
काम क्षुधा भूखे जीवन की मनोकामना सहज सुहानी
प्यासे मन पर सपनों की छाया घिरती है यह रूमानी
तृप्त नहीं वसुधा का अंचल इन्कलाब की उठी घटाएँ
जागी मधु रितु की मुरझाई नई बहारों से ज्वालाएँ
शिव का शीश गौरवित होगा नहीं रुकेगी अब जन गंगा
उठो नया इतिहास माँगता इस जनगण की जीत कहानी

राग-रंग से कसमस करतीं ये इंसानों की तस्वीरें
समय-शिला की छाती पर अंकित करती हैं सृजन लकीरें

टूट रही हैं एक-एक कर युग की काराएँ पाषाणी
जागी शक्ति सर्वहारा के जय की फिर से जन कल्याणी
प्राची की किरणों से जय के गीत लिखे जाते हैं पुलकित
जीवन की भाषा में होतीं नई-नई कलियाँ अभिसिंचित
जन ईश्वर के चरणों पर चढ़ कर ही ये शृंगारित होंगी
उठो, तुम्हें शोषित मानवता का आवाह्न युग सेनानी।

साथी अभी सुबह का सूरज काले मेघों से घिर जाता

साथी अभी सुबह का सूरज काले मेघों से घिर जाता
खेतों पर अब भी सोया है कब्रिस्तान मनाता मातम
फूटा कहाँ अभी फसलों से नई बहारों का वह सरगम
उफन रही धरती की गोदी उफन रहा मधुवन का यौवन
मिट्टी मोल अभी पर बिकता धरती के राजा का जीवन
कल तुमने जिनको सौंपी थी इन्कलाब की जिम्मेदारी
खादी के पीताम्बर पहने वे दौलत के बने पुजारी
चौराहे पर खड़ी रो रही लो मानवता नंग धड़ंगी साथी
बिगुल सुबह का गूँजा कण-कण में अंगार लगाता

तुमने समता और बन्धुता के खींचे नक्शे लासानी
सागर के ख़ातिर बूँदों ने दी अपनी कितनी कुर्बानी
तुमने कहा पसीना दे दो खून दिया हमने बढ़-बढ़ कर
चूम लिए फाँसी के फंदे लिये मुस्कुराहट अधरों पर
कल तक तुमने मानवता के लगा लिए थे नकली चेहरे
हमें न मालूम तुम डायर थे दपदप उजली खादी पहने
पर तुम अभी न भूले होगे तख्त ताज की उल्टा-पल्टी
साथी वही खड़ा मेहनतकश आज ज़ोर अपना अजमाता

ना मुमकिन है ये कि ज़िन्दगी के प्यालों का रंग गिरा दूँ
ना मुमकिन है ये कि जवानी के सारे सपने बिखरा दूँ

ना मुमकिन है राज महल पर जो चढ़ जाए मोटी गुम्बज
ना मुमकिन जो चढ़ जाए रंगीनी ख्वाबों की सज-धज
उठता है तूफान समुन्दर की लहरों ने करी बगावत
खलिहानों में सुलग रही है सरमाए की खुली खिलाफ़त
देखेंगे पर्वत से अपना कौन लड़ाने आते सीना
साथी आज नए जीवन का नया तराना मुझे सुहाता।

बन्धु! तुम्हारे नए स्नेह का आसव ढालो दीप जलेगा

बन्धु! तुम्हारे नए स्नेह का आसव ढालो दीप जलेगा
देख रहा हूँ दिशा-दिशा में लहराते हैं नभ के बादल
देख रहा हूँ आसमान में चाँद हुआ रो-रो कर घायल
ये मेरे सपने मेरे दरवाज़े पर ही हुए भिखारी
ये कल का अन्याय कि जिसने अपनी सूरत आज सँवारी
यह सब कुछ है फिर भी तुमको यह विश्वास दिलाता हूँ मैं
बन्धु! तुम्हारे नए स्नेह का आसव ढालो दीप जलेगा

ये चेहरे हैं लाचारी की महफिल में जो मुसकाते हैं
ये वे हैं जो बैठ कब्र के पास बड़े स्वर से गाते हैं
इनके यहाँ चाँद गागर में भर-भर कर अमृत लाता है
ये हैं जिनको बिना मजूरी जो चाहा सब मिल जाता है
यह सब कुछ है फिर भी सदा-सदा आमंत्रण मेरा
बन्धु! चलोगे तो फूलों की डगर मिलेगी पथ निकलेगा

मैं कहता हूँ एक बार तो यह प्यासी आवाज़ उठाओ
मेरी मानो तो अपनी ठंडी सासें फिर से गरमाओ
खड़ी द्वार पर राह देखती नई ज़िन्दगी की मधुरानी
आज मौत की नहीं ज़िन्दगी की हम को तस्वीर बनानी
मैं कहता हूँ एक बार लौटाओ फिर अपने सपनों को
बन्धु! फूल से, सपनों से, तारों से, तुमसे जग बदलेगा।

चतुष्पदियाँ

तुमने अमृत ढाला है विष पिया नहीं
एक साँस भी दर्द किसी का जिया नहीं
चाँद बने हो मगर मेघ तुम बने नहीं
तुमने सब कुछ लिया मगर कुछ दिया नहीं

*

हो गया आकाश कितनी दूर कितनी दूर मुझसे
एक सूरज था मगर वह अब कहाँ है अब कहाँ है
एक टूटी नाव का फैला हुआ हो पाल जैसे
एक मैं हूँ एक मेरा नियतिहीना क्षण यहाँ है

*

तुमने कहा कि बीता क्षण क्या आएगा
बीत गया जो क्या सचमुच बुझ जाएगा
यह अस्तित्व नहीं क्षण का लाचार है
जो जल-जल कर बार-बार बुझ जाएगा

*

एक राह पर हुई निछावर ज्योत है
एक बुलबले पर गर्वित रस स्रोत है
एक मौत पर वारी जाती ज़िन्दगी
एक ज़िन्दगी पर शर्मिंदा मौत है

*

तुम ने रस्ता अभी न देखा प्यार का
इसीलिए यह प्रश्न जीत का हार का
जिस दिन प्यार चला सूली के रास्ते
उस दिन विधि ने भाग्य लिखा संसार का

*

हर उठे नयन ने धन्य किया इतिहास है
हर जलता दीपक मंजिल की प्यास है
हर उठता संकल्प बाँधता सूरज को
हर उठी बाहु पर झुक जाता आकाश है

*

तुम बूँद नहीं हो सागर की महिमा हो
तुम राह नहीं हो मंजिल की गरिमा हो
तुम कालजयी हो बुझता दीया नहीं हो
तुम क्षण की नहीं सनातन की प्रतिमा हो

*

तुम किसी अकिंचन पथ पर नहीं चलोगे
तुम दान दिया अमृत कैसे निगलोगे
तुम हो इतना विश्वास मुझे काफी है
जिस राह ढलोगे यूँ ही नहीं ढलोगे

*

ज्वार से खुली लहर प्रीति से बँधा सपन
रात का बुझा दीया, भोर की नई किरन
आयु के दुआर पर, जो मिला नया मिला
हर खिली हुई कली, हर लुटा हुआ चमन

*

वैसे तुम सब भाँति समाए हो मन में
जैसे फैला हो चाँद रात के आँगन में
पर कभी-कभी तो ऐसा होता वादा है
जिससे लगता कम प्रीत दिखावा ज़्यादा है।

तुम प्राण! हमारे मन पथ पर छा जाती हो

तुम प्राण! हमारे मन पथ पर छा जाती हो
मीठे-मीठे गीतों से छूतीं हृदय-तार
कुछ यूँ ही छाती जाती हो रच प्रीत-प्यार
फूलों सा कोमल देह श्वास मधु सा पराग
युग-युग की तृप्ति लिये आती है यह बयार
तुम प्राण! हमारे सपनों पर छा जाती हो

यह साँझ रेशमी सूरज की डूबती किरण
यह तारों का उगता-उगता मधुमय शोभन
उस पर भरते कुछ रंग तुम्हारी सुषमा के
मुसकाती चितवन पर आधारित नमित नयन
यूँ उगते शशि-सी आकर हँस इठलाती हो

यह फागुन की रितु यह लहराता मदिर पवन
यह टेसू के फूलों का इतराता मधुवन
यह अल्हड़ गीत मिलन-बिरहा के रस भीगे
सब में तुम प्रतिबिम्बित यूँ ही मेरे जीवन
तुम रूप सुधा के अगनित घट ढुलकाती हो
तुम प्राण! हमारे मन-पथ पर आ जाती हो।

कुछ और चतुष्पदियाँ

अब नहीं हूँ चाँद वंशी की नहीं रसधार हूँ मैं
सूर्य हूँ सातों समुद्रों का उफनता ज्वार हूँ मैं
हिम शिखर के हर नए सीमांत पर धधका करूँगा
माँ तुम्हारे भाल का चन्दन नहीं अंगार हूँ मैं

*

बाँसुरी का स्वर नए रण-तूर्य की ललकार देगा
पारिजातों का महकता वन तुझे अंगार देगा
देश मेरे! सूर्य की लाखों किरण हैं हाथ तेरे
हर किरण का हाथ तेरे भाल को शृंगार देगा

*

यह विसर्जन आरती से, मंत्र से, शतबार वन्दित
इस मरण पर जन्म होता है अनेकों बार गर्वित
यह तुम्हारा देश इसके मेघ इसके चाँद सूरज
हर नई ऋतु, हर नया संकल्प तुम को है समर्पित

*

मैं तुम्हारी नील झीलों के तटों का तृषित दर्पण
देश मेरे मैं तुम्हारे कल्पतरु का रस-समीरण
जिस अनागत के लिए चाहो समर्पित मैं रहूँगा
मैं तुम्हारे शौर्य की हूँ अग्नि, यश का हूँ सुरभि क्षण

*

इन समुद्रों का उफनता रोष पहचाना नहीं है
इन करोड़ों सूर्य का संकल्प अनुमाना नहीं है
माँ तुम्हारे चाँद को या सूर्य को देखा सभी ने
शत्रु ने निश्चित तुम्हारी अग्नि को जाना नहीं है

*

इसी जन्म का नहीं जन्म-जन्मों का तुमसे नाता
बार-बार इस पुण्यमयी धरती पर मैं जन्मूँगा
उन्हीं अजन्मे जन्मों की सौगन्ध लिये कहता हूँ
किसी फूल पर कभी किसी की दृष्टि न गड़ने दूँगा

*

कौन सा आकाश दूँ तुम को समर्पण
चाँदनी की कौन सी दूँ रात तुमको
किस अनाघ्रत गंध की अंजलि चढ़ा दूँ
किस अजन्मे सूर्य का दूँ प्रात तुमको

*

एक दर्द के सिंगार के लिए
कौन से दुआर तक नहीं गया
एक फूल के दुलार के लिए
कौन सी बहार तक नहीं गया

*

आज की इस साँझ का टूटा हुआ क्षण
किस दिशा की कौन सी वातास को दूँ
दर्द के हर पंख पर बैठा हुआ मन
कौन से आयाम को आकाश को दूँ

*

हर कहीं आकाश पर सलवट गिरी हैं
हर दिशा का आइना धुँधला गया है
आह ईश्वर! चाँद तक पहचान में आता नहीं है
आज यह किस किस निशा का फिर अँधेरा छा गया है

*

मैं बहुत मानता तुम लाए मधुमास जो
बहुत मानता तुम देते विश्वास जो
किंतु न तुमने जाना मैं न बता पाया
यह कौन जन्म की बुझी-अनबुझी प्यास जो।

सपनों से मन बहलाते हो किन्तु न सत्य छिपाया जाता

सपनों से मन बहलाते हो किन्तु न सत्य छिपाया जाता
तुम ने कहा गगन से आया चाँद उतर कर लो धरती पर
किन्तु कहीं भी दग्ध कंठ को मिला न एक किरण का मृदु स्वर
तुम ने कहा उतर आई है महल मन्दिरों से दीवाली
किन्तु दौड़ती झोपड़ियों में हाय! रात क्यों काली काली
भूख उगी है गली-गली में घर-घर में बैठा नंगा तन
कितने सपनों का प्यासा है नहीं जानते तुम हारा मन
इने गिने मधु के पर्वों से पतझर नहीं भुलाया जाता

कितना बजा रहा तारों को किन्तु सहज मुखरित सूनापन
कितनी भक्ति तुम्हें अर्पित की किन्तु टूटता है आराधन
कभी सुना तुम ने जीती है डालर की, सोने की चितवन
कभी सुना तुमने हँसिया से बाँधे नए प्रीति के बन्धन
पुलकित होता हूँ पर सहसा मेरा देश सामने आता
अभी न जुड़ पाया है जिसका सुख, सपनों से कोई नाता
इस घायल धरती पर मुझसे कोई राग न गाया जाता

उठो, प्रात के प्रथम पहर में, सबको आमंत्रण है मेरा
खुले-खुले सबके आँगन में आएँ किरणें मिटे अँधेरा
तोड़ो काराएँ तन-मन की, उठो देश की नव तरुणाई
जब तक झुकी हुई हैं पलकें चला करेगी यह सौदाई

माँगो सत्व युगों का लूटा अन्न, वस्त्र, गृह सुख का जीवन
इस धरती पर आज उतारो नव-स्वप्नों स्वर्गों का मधुवन
अब अतीत का गान न मुझसे गाया और सुनाया जाता।

हे ऋतुरानी

पुष्प चरण धर वसुधा के प्रांगण में उतरो हे ऋतुरानी
धारण करो वस्त्र किंशुक का आम्र मौर वेणी शृंगारित
भुजबन्धन सरसों का बाँधो वितरित मुस्कानों का अमृत
आओ द्वार खुले दिशि-दिशि के मेरे प्राणों की पहचानी

साँसों में चिर परिचित सौरभ नव किसलय सी सहज लुनाई
वह मनुहार भरी नत-चितवन शतदल की महिमा सकुचाई
गगन द्वीप से उतरो अप्सरि सत्य बनो सपनों की जानी।

गगन से उठे मेघ मेरी धरा की तपिश सब बुझाए चले जा रहे हैं

गगन से उठे मेघ मेरी धरा की तपिश सब बुझाए चले जा रहे हैं
हुई सुरमई साँझ पथ सो चले हैं
अँधेरा उभर पर्वतों पर ढला है
मगर ये उनींदा-उनींदा पवन है
कि जो सब दिशाएँ जगाता चला है
यहीं से किसी के लरजते उठे स्वर कि बेभान मन प्राण पर छा रहे हैं

सजे हैं किसी के नयन के मनोरथ
किसी के नयन की हँसी अश्रु धारें
किसी के तृषित कंठ की कामनाएँ
किसी के अधर की हुई है पुकारें
किसी के मिटे स्वप्न के शुभ संदेसे कि अब इंद्र-धनु से उठे आ रहे हैं

कहाँ हो रही थी विकल मन प्रतीक्षा
कि आकर मिली मेघ से हंस माला
कहाँ उठ रहा था किसी का निवेदन
कि ये गीत मेरा विवश बाँध डाला
सुधि में तुम्हारे लिखे गीत मैंने, सजल बादलों से मुझे भा रहे हैं।

जागो स्वागत करो कि घिरते आए इन्कलाब के बादल

जागो स्वागत करो कि घिरते आए इन्कलाब के बादल
देख रहे हो तुम धरती का लुटा चला जाता है कंचन
देख रहे हो तुम कि समुन्दर का गुमसुम तूफानी जीवन
देख रहे हो तुम जन-पथ पर शीश धुना करता है मानव
देख रहे तुम जन-भट्टी पर चढ़ा हुआ धनिकों का आसव
पर फिर भी तुम अरमानों को दबा रहे पत्थर के दिल में
गिरी जा रही इस कायरता से मानवता होकर घायल

जागो! स्वागत करो कि घिरते आए इन्कलाब के बादल

कई बार जन-हत्यारों ने धरती को वीरान किया है
कुचल-कुचल कर इंसानों का कई बार अपमान किया है
खेतों का सोना लूटा है लूटी है अस्मत नारी की
तुम ने करी हिमायत फिर भी अब तक उस अत्याचारी की
आज मुल्क में तुम्हें मसालें ले चलनी हैं इन्कलाब की
अब धूँ-धूँ करते अंगारों से भरना धरती का अंचल

जागो! स्वागत करो कि घिरते आए इन्कलाब के बादल

इसी राख में नए घरोंदों के पत्थर की नींव डलेगी
इसी कारवाँ से जीवन के गीतों की गंगा निकलेगी

यह निश्चय है यह नकली मानवता नहीं चलेगी पथ पर
जबकि मर्द इंसान चले हैं नई बगावत को सुलगा कर
तुम्हें खत्म करनी ही होगी धरती से सरमाएदारी
तुम्हें लगाना ही होगा अब नई जवानी का पूरा बल

जागो स्वागत करो कि घिरते आए इन्कलाब के बादल।

साथी! जीवन के प्रभात में इन्कलाब के गान लिखो तुम

साथी! जीवन के प्रभात में इन्कलाब के गान लिखो तुम
बढ़ो तुम्हें ललकार रही है इस धरती की नई जवानी
खड़ी हो रही लो सागर की छाती पर लहरें तूफानी
हम कहते हैं नहीं झोपड़ी लहरों की छाया माँगेंगी
हम कहते हैं सूरज की किरणें अब दीवारें लाँघेंगी
अभी न सुलगाई है हमने इंसानों में खुली बगावत
किंतु देखते पल-पल पर होती जाती मानवता आहत
हमें नहीं अभ्यास कि हँसना देखें इन जन-हत्यारों का
साथी! नई मनुजता रच कर नए-नए अरमान लिखो तुम

देख लिया है इस वसुधा पर हमने इतना पीड़न-शोषण
खींच लिया जिसने जीवन की धरती का परिवर्तन पोषण
देख लिया हमने अपनी धरती से इतना लुटता सोना
किन्तु न कोई हमको समझे मृदुल मोम का बना खिलौना
तुमको मालूम चट्टानों से बना हुआ व्यक्तित्व हमारा
तुमको मालूम मोड़ चुके हम कितनी बार युगों की धारा
आज उठे हम आँधी का आक्रोश जगाने इस वसुधा पर
साथी! धरती से शोषण-उत्पीड़न का अवसान लिखो तुम

प्रजातंत्र में खुल कर जमती है सरमाएदारों की महफिल
आज़ादी के मत्त पहरुए पीकर चौराहे पर गाफिल

हम कहते हैं निभ न पाएगी यह दौलत से साझेदारी
कहाँ उतर पाती है फिर भी जो आसव की चढ़ी खुमारी
अब भी राजमहल से सन-सन निकला करतीं सहज गोलियाँ
जनवादी तरुणों की जब अधिकार माँगती खुली टोलियाँ
कसम उन्होंने ली कि मिटाएँगे वसुधा से वे अन्यायी
साथी! अब अपनी कविता में युग का नव निर्माण लिखो तुम।

आज साँझ की सूनी-सूनी घड़ियों में, यह तुम हो जो मधुमास लुटाए जाते हो

आज साँझ की सूनी-सूनी घड़ियों में,
यह तुम हो जो मधुमास लुटाए जाते हो
कितने युग से चल रहे मगर है थकन कहाँ
कितने युग से जल रहे मगर है जलन कहाँ
आज धरा के सूने-सूने रस्तों पर
यह तुम हो जो आकाश बनाए जाते हो

इन सपनों का साथ न छोड़ा जाता है
किन्तु सदा ही स्वप्न कहाँ रह पाता है
आज ज़िन्दगी के हारे-हारे पथ पर
यह तुम हो जो विश्वास बढ़ाए जाते हो

मुझ को बाँधे रहते हो इन अरमानों से
मोहित करते हो अपनी इन मुस्कानों से
आज चरण की मोहक-मोहक ध्वनियों से
यह तुम हो जो इतिहास रचाए जाते हो।

कहीं जान पातीं कि कैसे गगन से

कहीं जान पातीं कि कैसे गगन से
तुम्हें बाँध लाया प्रिये इस धरा पर

तुम्हीं ने बताया कि कैसे बँधी है
विमोहित दिशा चेत की चाँदनी से
तुम्हीं ने बताया कि क्यों घिर रहे हैं
कहीं मेघ फिर आज सौदामिनी से
तुम्हारे सहज श्वास में है तरंगित
पवन से खिली फूल की कामनाएँ
तुम्हारी सरल चँदनी बाहुओं में
हुई मुग्ध क्यों प्रीति की अर्चनाएँ
कहीं जान पातीं कि कैसे सुने हैं
तुम्हीं से प्रिये! प्राण ने स्वर्ग के स्वर

समझ पा रहा क्यों निशा ने सँजोया
सहज फूल क्यों साँझ की तारिका का
समझ पा रहा क्यों हुआ प्यार बेसुध
नयन कोर में आज अभिसारिका का
बँधा क्यों सदा से इन्हीं रिमझिमों में
लिये प्यास का कोष अतृप्त सावन
लिया बाँध क्यों इन विपुल बन्धनों में

सरल भावना का बना जो अतनु मन
कहीं जान पातीं कि कैसे तुम्हीं ने
लिया बाँध है काल का रुद्र सागर

तुम्हारी पुलक यूँ कि जैसे अचानक
सहज बह गई प्राण की रुद्ध धारा
तुम्हारे वचन यूँ कि आगम-निगम की
गई टूट सहसा कहीं बद्ध कारा
तुम्हारे अलक पर उतर छाँह आई
तुम्हारे नयन में हँसे चाँद तारे
समझ सब गया हूँ तुम्हें प्रिय समझ कर
सरल हो गए सत्य के भेद सारे
कहीं जान पाती कि कैसे तुम्हीं में
सभी स्वप्न का सार आया निखर कर।

याद आती ही रहोगी

याद आती ही रहोगी
साँझ के रंगीन बादल
प्यार से पलकें झुकाए
नीम के कुसुमित नवल दल
रजनीगंधा की हवाएँ
तब मिलीं तुम सरल आनन
रूप का शृंगार करतीं
मन्दगति नव हंसनी-सी
सलज नयनों से विहँसती
फूल से वेणी सजा कर
देखतीं पश्चिम सुनहला
कंबु ग्रीवा, विनत आनन
समुखि! शरदाकाश के
नव प्रात सी भाती रहोगी

तुम मिलीं जैसे किसी
रस-रूप का सागर तरंगित
तुम मिलीं जैसे किसी
मधुमास की उषा अनिंदित
तुम मिली सहसा
किसी की वंदनाएँ मुस्कुराईं

तुम मिलीं सहसा किसी की
कामनाएँ जगमगाईं
कौन कहता वे मिलन क्षण
कर रहे मेरा मलिन मुख
कौन कहता मैं रहा
अतृप्त पाकर वे सुधाकण
चाँद की मीठी किरण-सी
तुम लुभाती ही रहोगी।

वन्दना के क्षण तुम्हारी आरती दो नव-सृजन की

वन्दना के क्षण तुम्हारी आरती दो नव-सृजन की
क्यों समय की धार पर अनजान बहते जा रहे हो
क्यों झुका गरदन सभी चुपचाप सहते जा रहे हो
मानता हूँ रात है पर यह किरण आई कहाँ से?
क्या सुबह की बात तुम मुझसे न कहते जा रहे हो
अर्चना के क्षण चलो प्रिय! अंजली दें जागरण की

यह धरा पाली गई है स्नेह के अमृत कणों से
हो रही व्याकुल व्यथा के इन विकल घायल क्षणों से
क्या अलग हो तुम धरा से दर्द के स्वर से अपरिचित
क्या नहीं तुम भी बँधे हो इस धरा के इन व्रणों से
पुलक के क्षण हम करें रचना समय के नवचरण की

शपथ खाएँ हम नहीं संहार के पथ पर चलेंगे
शपथ खाएँ हम नहीं विद्वेष के क्षण में जलेंगे
यह धरा सब की रही है यह धरा सबकी रहेगी
शपथ खाएँ हम नहीं खंडित मनुजता में ढलेंगे
प्रार्थना के क्षण करें रचना धरा के नव-मिलन की।

आज पहली बार गूँजा

आज पहली बार गूँजा अर्चना का गान
आज गूँजे बन्धनों के घाव पहली बार
आज युग-युग की गुलामी कर उठी हुंकार
आज प्राणों में जलाए अर्चना के दीप
आ गया बापू जननि की मुक्ति का वरदान

कोटि नयनों ने निहारा मातृ-भू का भाल
पुँछ गया सीमंत का सिन्दूर तन कंकाल
आज पहली बार माँ के दर्द से रोता
आ गया बापू जिलाता जननि की मुस्कान

आज माँ की मुक्ति धरती पर शरद का हास
आज माँ के मुक्त आँगन में खिला मधुमास
आज पहली बार माँ के नयन का तारा
आ गया बापू जननि का मुक्त जीवन प्राण।

देव! मानव बन गए तुम वेदना के किन क्षणों में

देव! मानव बन गए तुम वेदना के किन क्षणों में
कौन-सा अर्चन कि युग-युग का सरल वरदान पाया
कौन-सा स्वर था कि जिसने गान ही भू पर बुलाया
कौन-से शतकल्प के प्रिय पुण्य फिर जागे हमारे
यूं कि फिर आलोक की महिमा लुटाता देव आया
देव! तुम उतरे धरा पर साधना के किन क्षणों में

तुम उतर आए कि वसुधा ने नया इतिहास पाया
लौट कर पतझर बेला में नया मधुमास आया
मिल गई आतुर नयन को मंजिलों की मधुरिमाएँ
तुम उतर आए कि प्राणों में नया विश्वास छाया
देव! तुमने विष पिया आराधना के किन क्षणों में

वन्दिनी माँ को समर्पित हो गया तारुण्य सारा
आज किसने मृतिका के भाग्य को फिर से सँवारा
हो गई मुखरित दिशाएँ जागरण का स्वर सजाकर
मुक्त मानव की बही अवरुद्ध फिर से प्राणधारा
देव! मन्दिर छोड़ आए अर्चना के किन क्षणों में।

आज की साँझ कुछ हताश है

आज की साँझ कुछ हताश है
आज आसमान कुछ झुका-झुका
आज कुछ पवन बहा रुका-रुका
आज हर लहर उठी सिहर-सिहर
आज का चाँद कुछ निराश है

आज क्या एक भी कली न खिली
आज क्या डाल एक भी न हिली
आज मैं एक भी कदम न चला
आज का गीत कुछ उदास है।

कहत कबीर सुनो हो साधो

कहत कबीर सुनो हो साधो
वाणी एक अंगार उचारे दूजी लिए हाथ में लोटा
एक कहै यह असली चेहरा कहै दूसरा इसे मुखौटा
कौन बिरछ की छाया बैठे रहा सोचता बेनीमाधो

इसे बुलाया उसे बुलाया पद सिंहासन उन्हें बिठाया
आतम-ज्ञान कबाड़ा कीन्हा दो कौड़ी के मोल बिकाया
प्यासे हिरण रेत में भागे क्या छिछला क्या नीर अगाधो

छोटे ताल-तलैया न्हाएँ बोले अगम-निगम की बानी
चक्कर काट वहीं पर आवैं जैसे बैल तेल की घानी
रात अँधेरे बाड़ फलाँगे दिन में सीताराम अराधौ।

अब तक रिक्त न हो पाया मन का बादल

अब तक रिक्त न हो पाया मन का बादल
किस सावन की रात हुई पहचान है

कुछ यूँ ही जल-जल बुझा रात मेरा दीपक
कुछ यूँ ही जुड़-जुड़ मेरे सपने गए बिखर
जो आईं लहरें मन का ज्वार न बाँध सकीं
जो उठे गीत वे कब भर पाए मेरा स्वर

जो जल-जल कर भी रहा आज तक अनजाना
वह कौन जन्म का मेरा यह अरमान है

तुम आईं तो मैं सहसा जैसा भूल गया
इस जन्म-मरण के जाने-अनुमाने बन्धन
तुमने जो केवल एक निमिष ही दिया मुझे
मैं उसी निमिष पा गया अनेकों ही जीवन

तुम मिलीं धन्य पर मेरी भी तृष्णा देखो
जो तुम्हें न मिल पाता कुछ भी प्रतिदान है

यह फागुन का बह गया पवन रीता-रीता
फूलों की महफिल में न बँधा पर मेरा मन

तुम को जाना तो लगा कि सब कुछ जान गया
पर कहाँ शब्द में बँधा अजाना सा वह क्षण
तुम ने तो दिया कि देकर शेष न रहे कहीं
पर कहाँ ग्रहण करता मेरा अभिमान है।

पर तुम सहसा विश्वास कहाँ करते हो

पर तुम सहसा विश्वास कहाँ करते हो
जो बीत गए क्षण वे कितने मादक थे
जो बीत रहे क्षण वे कितने मादक हैं
जो आएँगे वे निश्चित मादक क्षण होंगे
पर तुम सहसा विश्वास कहाँ करते हो

तुमने ही तो खीचीं ये रेखाएँ कोमल
तुमने ही तो आकृतियाँ दी ये सरल-सरल
तुमने ही तो फिर प्यार दिया बन कर बादल
पर तुम सहसा अब रंग कहाँ भरते हो

तुम अब तक कर आए कितने पथ चिह्न अमर
तुम अब तक आए मुसकानों की छोड़ लहर
कुछ बहुत न बीती रात अभी है प्रथम पहर
पर तुम सहसा पथ दीप कहाँ धरते हो।

यह देखो पहली बार धरा मुस्काती है

यह देखो पहली बार धरा मुस्काती है
उगता सूरज कुछ नई जवानी का आलम
गातीं फसलें कुछ नए तरानों का सरगम
कुछ विदा हुए कुछ विदा हो रहे हैं तारे
लो डूब चला जो सन्नाटे का था मातम
तुम तानो सीना गरदन झुकी करो सीधी
वह देखो जनता नए स्वरों में गाती है

लो मिट्टी के पुतलों का शासन मरता है
लो सूखे तरुओं का यौवन अब झरता है
जो नई ज़िन्दगी की बहार देख न सकते
उन शूलों का मन इन फूलों से डरता है
तुम उठो माँगता युग बसन्त की अमराई
वह देखो खेतों की रानी अकुलाती है

अब नहीं बसन्ती रातों का राज कोई
अब नहीं खेत पर आसूँ की रातें सोई
ये जो महलों से चन्द लुटेरे ताक रहे
कब इनने धरती नीरी, जोती या बोई
यह हम मेहनत करने वालों की नई पौध
यह देखो मस्तानी सुगन्ध लहराती है
यह देखो पहली बार धरा मुस्काती है।

तपिश से धरा की जले हैं अधर तो

तपिश से धरा की जले हैं अधर तो
गगन मे सघन मेघ भी छा रहे हैं
सहज पढ़ रहा हूँ झुकी बरूनियों में
घिरी लालसा की सघनतम पिपासा
सहज जानता हूँ रुँधी कंठ में जो
युगों की उबलती हुई रुद्र-भाषा
तरंगित हुआ है उदधि का अतल जो
उसे बाँध कर क्या करेंगी फुहारें
धरा चीर कर उठ रही जो जवानी
उसे रोक कर क्या करेंगी बहारें
किसी के नयन आँसुओं से भरे तो
किसी के नयन अग्नि धधका रहे हैं

सुना पर न देखी अभी तक किसी की
कहीं भी किसी की हुई प्यास पूरी
जले जा रहे चातकी के अधर तो
व्यथा से घिरी जा रही है मयूरी
शपथ ले चले राज-पथ पर कि जिनकी
कहाँ बाँध कर रख दिए वे कि सावन
कहो ना कि ये माधवी पर्व कैसे
क्षुधा से हुआ लोक का मन अपावन

अभी पर न भूलो कि धरती सजग है
नए कंठ से घोष लहरा रहे हैं

निरर्थक हुई वन्दना की पुकारें
अकारथ हुए जा रहे हैं निमंत्रण
नई अर्चना के कलश ढुल गए हैं
बधिर देव व्याकुल हुए सब निवेदन
मगर ये न भूलो कि अब तक किसी से
न बाँधी गई पेट की दग्ध ज्वाला
मगर ये न भूलो कि ऐसे अधर से
कहाँ तक लगेगा सदा भग्न प्याला
अभी ये न भूलो कि वीरानियों में
हजारों नए स्वर उभर आ रहे हैं।

तुम जन्मे थे देव

तुम जन्मे थे देव प्रश्न के ऐसे युग में
थकित चरण, चेतना विमूर्छित, बुझा हुआ मन
एक नहीं शत-शत स्वप्नों की दुसह निराशा
दिशाहीन वह अन्ध नियति के रथ का बन्धन

देव जला था प्रश्न दिशाओं के नयनों में
कौन जीतती मृत्यु या कि जीवन की भाषा
कौन युगों से घुमा रहा है काल चक्र को
मरण या कि सपनों की मधुर-मधुर अभिलाषा

प्रश्न उठा था देव सनातन प्रश्न वही है
मैं कवि हूँ रचता हूँ छंदों को जीवन को
या कि भाग्य की लिपि पढ़ता हूँ सार हीन हूँ
काट रहा हूँ दिए आयु के इस बन्धन को

मैं हूँ भी या नहीं यंत्र हूँ या कि मनुज हूँ
फूल नहीं क्या? केवल बुझी हुई बाती हूँ
मैं क्या केवल घृणा प्रीति का सिन्धु नहीं हूँ
लहर नहीं क्या? दग्ध अग्नि का संघाती हूँ

ठीक यही जो जन्म-जन्म से मैंने पूछा

इस अशेष कामना तृषा से बँधा चला मैं
तुम ने उत्तर दिया अनेकों बार जन्म कर
किन्तु प्रश्न की इसी अग्नि से तपा-जला मैं

प्रश्न उठा फिर, तुमने उत्तर दिया देह धर
संशयहीन हुई फिर से यह मनः साधना
तुमने ही विष पिया सत्य है दारुण युग का
अन्ध नियति की भू-लुंठित हो गई कामना

तुम्हें देख हो गई अकिंचन देह घृणा की
उठा स्नेह का जीवन की महिमा का अर्चन
तुम ने जो दे दिया ज्ञान बाँटा जो अमृत
तुम विराट कब माने स्थान काल का बन्धन

देव काल को जीत, गरल को सुधा बना कर
जीवन की आभा में जो कुछ जिया लिखा है
हुआ मृत्यु का ध्वंस अनागत का मृत संशय
इस विराट तम के उर में वह दीप शिखा है

मृत्यु द्वार पर खड़ा हुआ है जग का वैभव
फैल रहा शत-शत जिह्वा हिंसा का अहिफण
इसीलिए कहते थे तुम प्रेमामृत ढालो
करो न्याय, करुणा, समता, ममता का वर्षण

यह विश्वास तुम्हारा है विष नहीं जिएगा
फूलों की मुस्कान जीत लेंगी तलवारें
यह विभेद का दानव निश्चित है कि झुकेगा
गूँजेगी विश्वास, स्नेह की मधु-झंकारें।

नए विचार की मशाल जल रही

नए विचार की मशाल जल रही
न आसमान में धुआँ रुके कहीं
न एक दीपवर्तिका झुके कहीं
उठो, कि जागरण प्रभात हो चला
निहार लो कि ये धरा बदल रही
न सामने शिला बने अड़े रहो
न युग प्रवाह रोक कर खड़े रहो
निहार लो कि ये प्रशस्त पथ खुले
कि ये नवीन जाह्नवी उछल रहा

न यूँ तने रहो कि लो जड़ें हिलीं
नवीन प्राण के लिए किरण खिली
निहार लो कि मुक्त हो बहा पवन
कि ये नवीन पौध फूल फल रही।

●●●